skole - škola		2
rejse - cesta		5
transport - transport		8
by - město		10
landskab - krajina		14
restaurant - restaurace		17
supermarked - supermarket		20
drikkevarer - nápoje		22
mad - jídlo		23
bondegård - usedlost		27
hus - dům		31
stue - obývací pokoj		33
køkken - kuchyně		35
badeværelse - koupelna		38
børneværelse - dětský pokoj		42
tøj - oblečení		44
kontor - kancelář		49
økonomi - hospodářství		51
erhverv - povolání		53
værktøj - nářadí		56
musikinstrumenter - hudební nástroje		57
zoo - zoo		59
sport - sport		62
aktiviteter - aktivity		63
familie - rodina		67
krop - tělo		68
sygehus - nemocnice		72
nødstilfælde - urgentní případ		76
Jorden - země		77
ur - hodiny		79
uge - týden		80
år - rok		81
former - tvary		83
farver - barvy		84
modsætninger - protiklady		85
tal - čísla		88
sprog - jazyky		90
hvem / hvad / hvordan - Kdo / co / jak		91
hvor - kde		92

AF188504

Impressum
Verlag: BABADADA GmbH, Nedderfeld 112 , 22529 Hamburg
Geschäftsführer / Verlagsleitung: Harald Hof
Druck: Books on Demand GmbH, In de Tarpen 42, 22848 Norderstedt

Imprint
Publisher: BABADADA GmbH, Nedderfeld 112 , 22529 Hamburg, Germany
Managing Director / Publishing direction: Harald Hof
Print: Books on Demand GmbH, In de Tarpen 42, 22848 Norderstedt, Germany

skole
škola

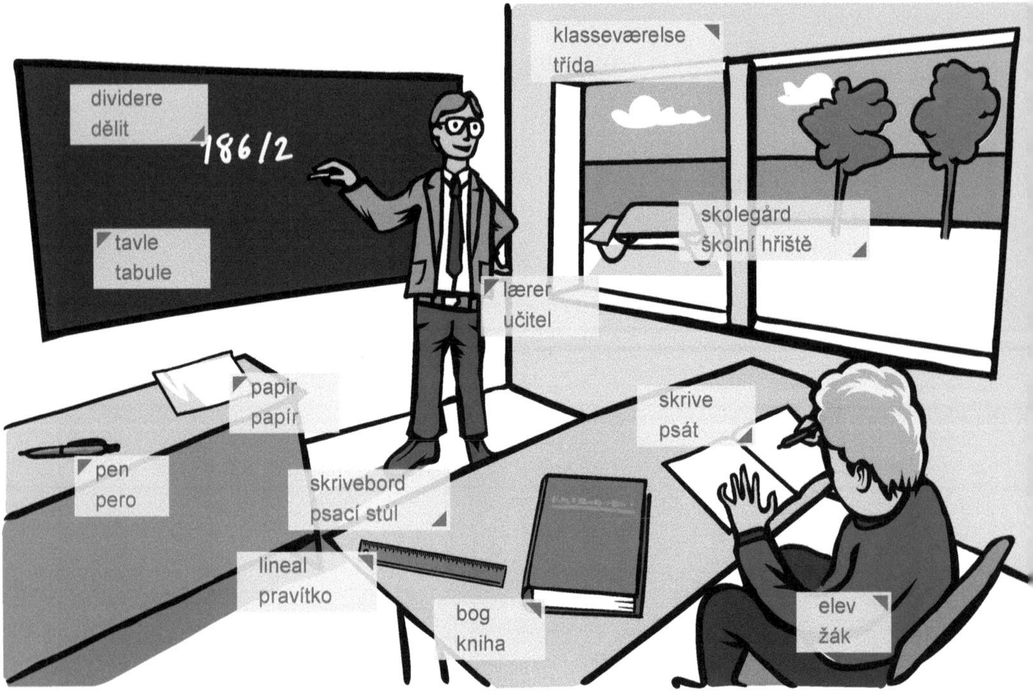

klasseværelse
třída
dividere
dělit
186/2
tavle
tabule
skolegård
školní hřiště
lærer
učitel
papir
papír
skrive
psát
pen
pero
skrivebord
psací stůl
lineal
pravítko
bog
kniha
elev
žák

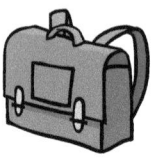

skoletaske

aktovka

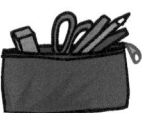

penalhus

penál

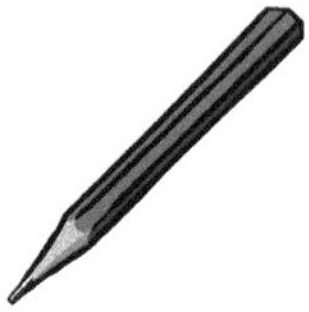

blyant

tužka

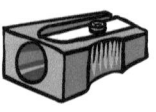

blyantspidser

ořezávátko

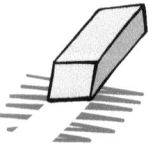

viskelæder

guma

tegneblok

blok na kreslení

tegning

výkres

pensel

štětec

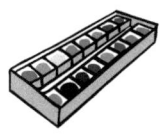

æske med vandfarver

malířské potřeby

saks

nůžky

lim

lepidlo

opgavehefte

cvičebnice

lektie

domácí úkol

12

tal

počet

2+2

addere

sčítat

5-2

subtrahere

odčítat

2×2

multiplicere

násobit

regne

počítat

A

bogstav

písmeno

ABCDEFG
HIJKLMN
OPQRSTU
VWXYZ

alfabet

abeceda

hello

ord

slovo

tekst

text

læse

číst

kridt

křída

time

hodina

klasseprotokol

třídní kniha

eksamen

zkouška

karakterbog

vysvědčení

skoleuniform

školní uniforma

uddannelse

vzdělání

leksikon

encyklopedie

universitet

univerzita

mikroskop

mikroskop

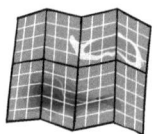

kort

karta

papirkurv

odpadkový koš na papír

rejse
cesta

hotel
hotel
Grand
herberg
ubytovna
ROOMS
EXCHANGE
vekselkontor
směnárna
kuffert
kufr
bil
auto

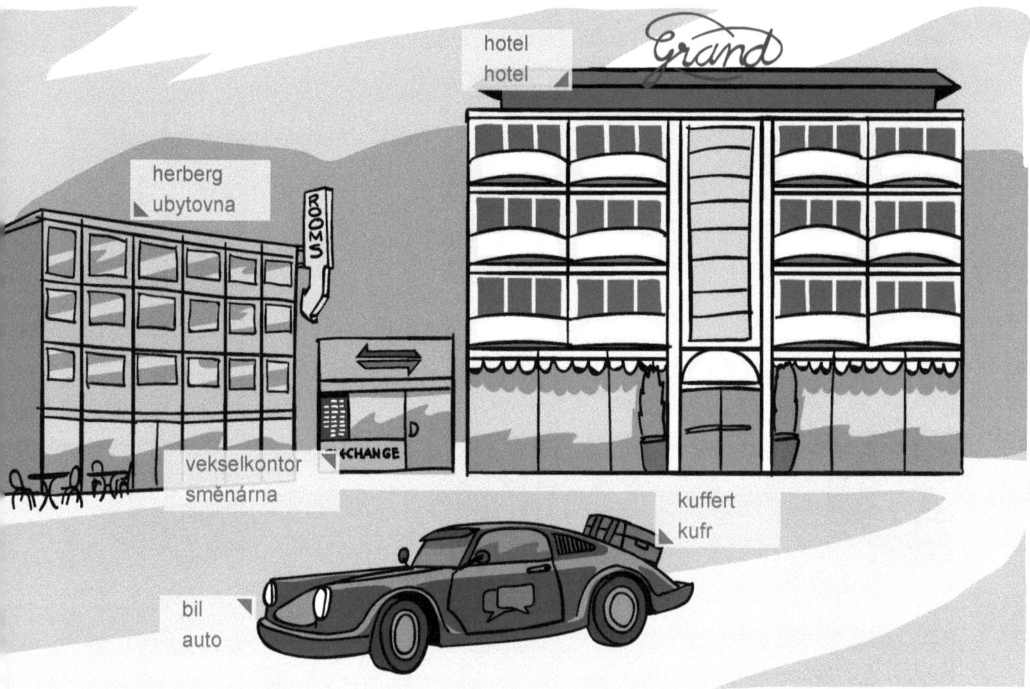

sprog

jazyk

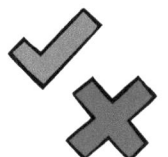

ja / nej

ano / ne

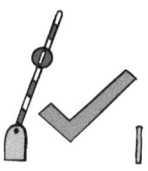

okay

oukej

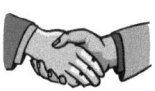

hej

Ahoj!

oversætter

překladatel

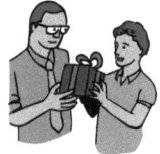

tak

děkuji

hvad koster...?

Kolik stojí...?

Jeg forstår ikke

nerozumím

problem

problém

God aften!

Dobrý večer!

God morgen!

Dobré ráno!

God nat!

Dobrou noc!

farvel

na shledanou

retning

směr

bagage

zavazadlo

taske

taška

rygsæk

batoh

gæst

host

værelse

pokoj

sovepose

spací pytel

telt

stan

turistinformation

turistické informace

strand

pláž

kreditkort

kreditní karta

morgenmad

snídaně

middagsmad

oběd

aftensmad

večeře

billet

jízdenka

elevator

výtah

frimærke

poštovní známka

grænse

hranice

told

clo

ambassade

poselství

visum

vízum

pas

pas

transport
transport

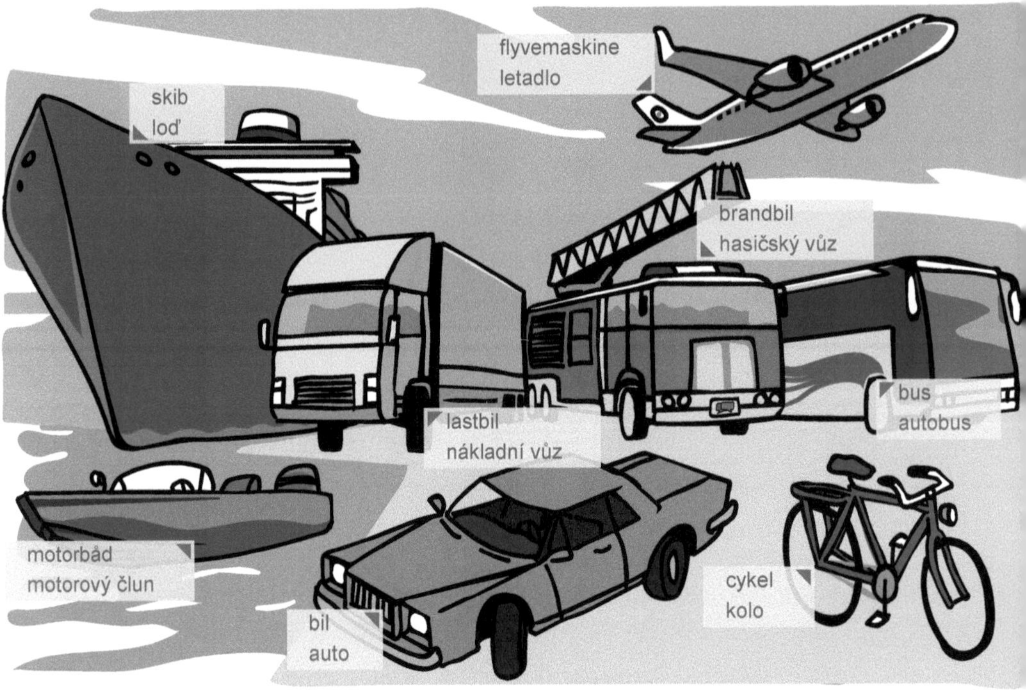

flyvemaskine
letadlo
skib
loď
brandbil
hasičský vůz
lastbil
nákladní vůz
bus
autobus
motorbåd
motorový člun
cykel
kolo
bil
auto

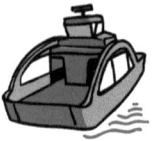

færge

přívoz

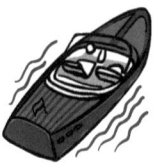

båd

člun

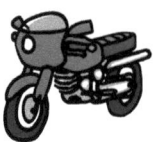

motorcykel

motorka

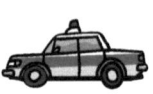

politibil

policejní auto

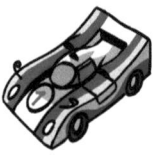

racerbil

závodní auto

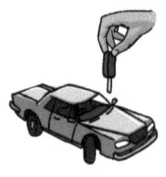

lejebil

pronajaté auto

samkørsel

sdílení aut

kranbil

odtahová služba

skraldebil

popelářský vůz

motor

motor

benzin

palivo

tankstation

čerpací stanice

trafikskilt

dopravní značka

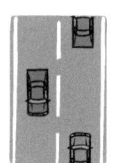

trafik

doprava

trafikprop

dopravní zácpa

parkeringsplads

parkoviště

banegård

vlakové nádraží

skinner

koleje

tog

vlak

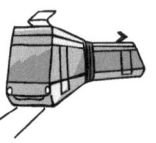

sporvogn

tramvaj

wagon

vagón

helikopter

helikoptéra

lufthavn

letiště

tårn

věž

passager

pasažér

container

kontejner

karton

kartón

kærre

trakař

kurv

koš

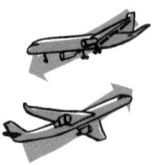

starte / lande

vzlétnout / přistát

by
město

landsby

vesnice

bymidte

střed města

hus

dům

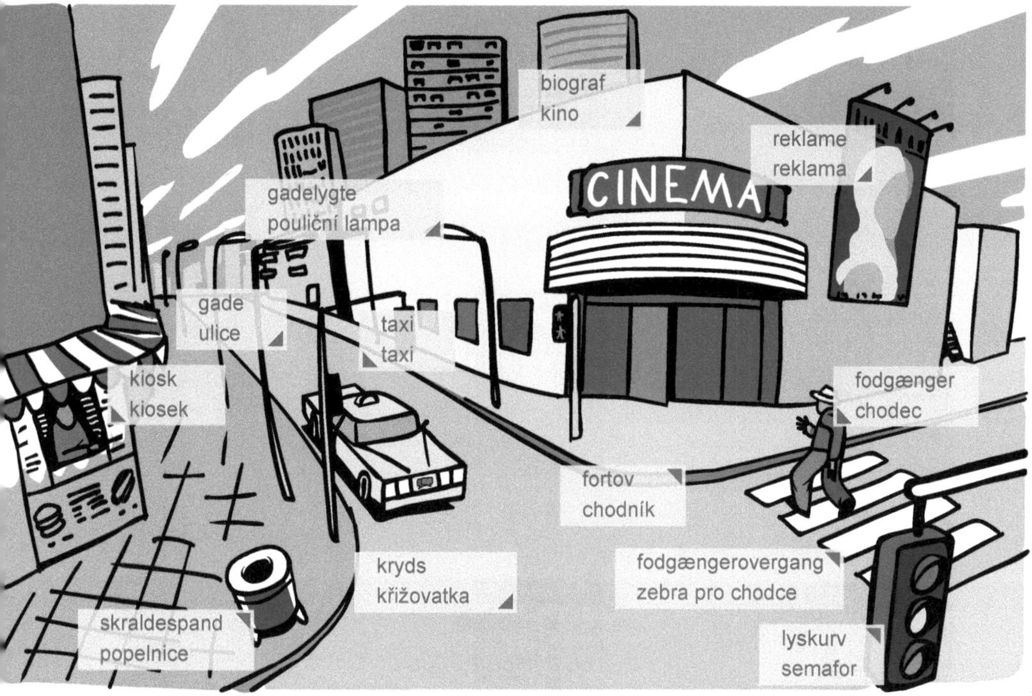

biograf
kino

reklame
reklama

gadelygte
pouliční lampa

gade
ulice

taxi
taxi

kiosk
kiosek

fodgænger
chodec

fortov
chodník

kryds
křižovatka

fodgængerovergang
zebra pro chodce

skraldespand
popelnice

lyskurv
semafor

hytte

chata

lejlighed

byt

banegård

vlakové nádraží

rådhus

radnice

museum

muzeum

skole

škola

universitet

univerzita

bank

banka

sygehus

nemocnice

hotel

hotel

apotek

lékárna

kontor

kancelář

boghandel

knihkupectví

butik

obchod

blomsterbutik

květinářství

supermarked

supermarket

marked

tržnice

stormagasin

obchodní dům

fiskehandler

rybárna

butikscenter

nákupní centrum

havn

přístav

park

park

bænk

lavička

bro

most

trappe

schody

undergrundsbane

metro

tunnel

tunel

busstoppested

autobusová zastávka

barnevogn

bar

restaurant

restaurace

postkasse

poštovní schránka

vejskilt

pouliční tabule

parkometer

parkovací hodiny

zoo

zoo

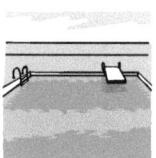

badeanstalt

plovárna

moske

mešita

bondegård

usedlost

miljøforurening

znečišťování životního prostředí

kirkegård

hřbitov

kirke

církev

legeplads

hřiště

tempel

chrám

landskab
krajina

blad
list

vejviser
rozcestník

vej
cesta

eng
louka

sten
kámen

træ
strom

vandrer
turista

flod
řeka

græs
tráva

blomst
květina

dal
údolí

bjerg
hora

sø
jezero

skov
les

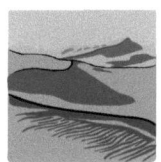

ørken
poušť

vulkan
sopka

slot
zámek

regnbue
duha

svamp
houba

palme
palma

moskito
komár

flue
moucha

myre
mravenec

bi
včela

edderkop
pavouk

bille
....
brouk

frø
....
žába

egern
....
veverka

pindsvin
....
ježek

hare
....
zajíc

ugle
....
sova

fugl
....
pták

svane
....
labuť

vildsvin
....
divoké prase

hjort
....
jelen

elg
....
los

dæmning
....
přehrada

vindmølle
....
větrné kolo

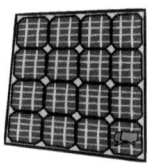

solcellemodul
....
solární panel

klima
....
podnebí

restaurant
restaurace

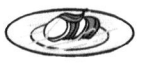

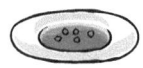

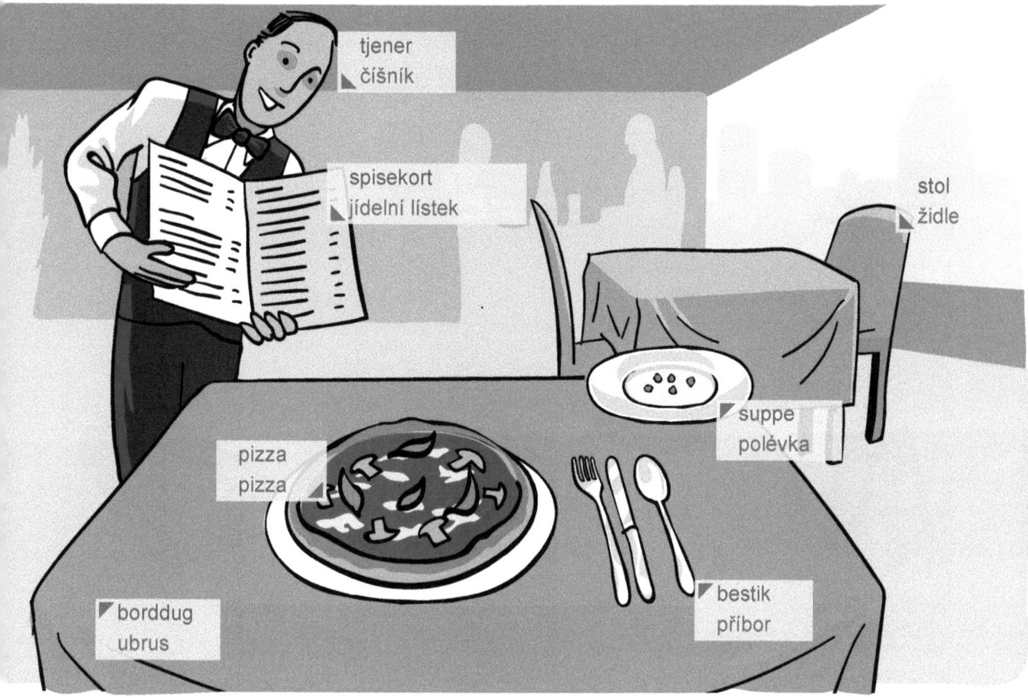

tjener
číšník
spisekort
jídelní lístek
stol
židle
suppe
polévka
pizza
pizza
bestik
příbor
borddug
ubrus

forret
předkrm

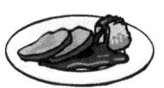

hovedret
hlavní chod

dessert
dezert

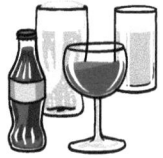

drikkevarer
nápoje

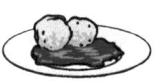

mad
jídlo

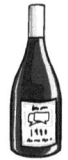

flaske
láhev

fastfood

rychlé občerstvení

streetfood

pouliční občerstvení

tekande

čajová konvice

sukkerdåse

cukřenka

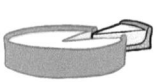

portion

porce

espressomaskine

kávovar na espresso

barnestol

dětská stolička

faktura

faktura

tablet

tác

kniv

nůž

gaffel

vidlička

ske

lžíce

teske

čajová lyžička

serviet

ubrousek

glas

sklenička

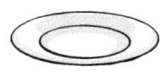

tallerken

talíř

dyb tallerken

talíř na polévku

underkop

podšálek

sovs

omáčka

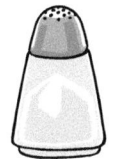

saltbøsse

slánka

peberkværn

mlýnek na pepř

eddike

ocet

olie

olej

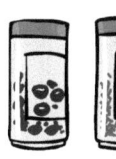

krydderier

koření

ketchup

kečup

sennep

hořčice

mayonnaise

majonéza

supermarked
supermarket

tilbud
nabídka
kunde
zákazník
mælkeprodukter
mléčné výrobky
frugt
ovoce
indkøbsvogn
nákupní vozík
FOR

BUTCHERS

slagter
masna

BAKERY

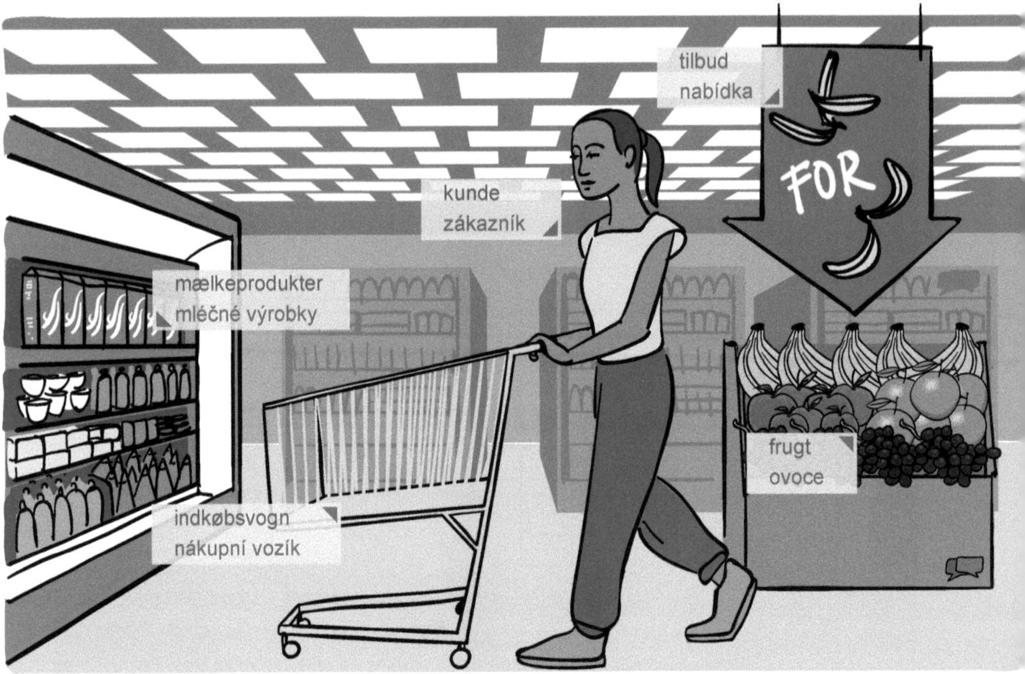

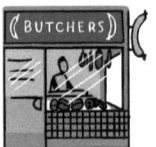

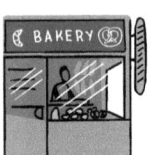

bageri
pekařství

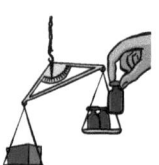

veje
vážit

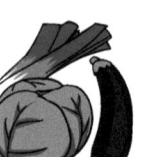

grøntsager
zelenina

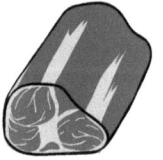

kød
maso

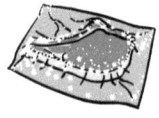

frostvarer
mražené potraviny

pålæg

obložený talíř

konserves

konzervy

vaskemiddel

prací prášek

slik

cukrovinky

husholdningsvarer

výrobky pro domácnost

rengøringsmidler

čisticí prostředek

ekspedient

prodavačka

kasse

pokladna

kasserer

pokladní

indkøbsliste

nákupní seznam

åbningstider

otevírací doba

tegnebog

peněženka

kreditkort

kreditní karta

taske

taška

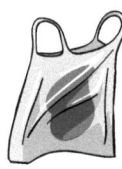

plasticpose

igelitová taška

vand
voda

saft
džus

mælk
mléko

cola
kola

vin
víno

øl
pivo

alkohol
alkohol

kakao
kakao

te
čaj

kaffe
káva

espresso
espresso

cappuccino
kapučíno

banan

banán

æble

jablko

appelsin

pomeranč

melon

meloun

citron

citrón

gulerod

mrkev

hvidløg

česnek

bambus

bambus

løg

cibule

svamp

houba

nødder

ořechy

nudler

těstoviny

spaghetti	ris	salat
špageti	rýže	salát

pomfritter	stegte kartofler	pizza
hranolky	americké brambory	pizza

hamburger	sandwich	schnitzel
hamburger	sendvič	řízek

skinke	salami	pølse
šunka	salám	salám

kylling	steg	fisk
kuře	pečeně	ryby

mad - jídlo

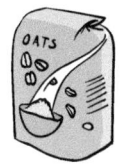

havregryn

ovesné vločky

mysli

müsli

cornflakes

vločky

mel

mouka

croissant

croissant

rundstykke

houska

brød

chléb

toast

toast

kiks

sušenky

smør

máslo

kvark

tvaroh

kage

buchta

æg

vejce

spejlæg

volské oko

ost

sýr

is

zmrzlina

sukker

cukr

honning

med

marmelade

marmeláda

nougat-creme

nugátový krém

karry

kari

bondegård
usedlost

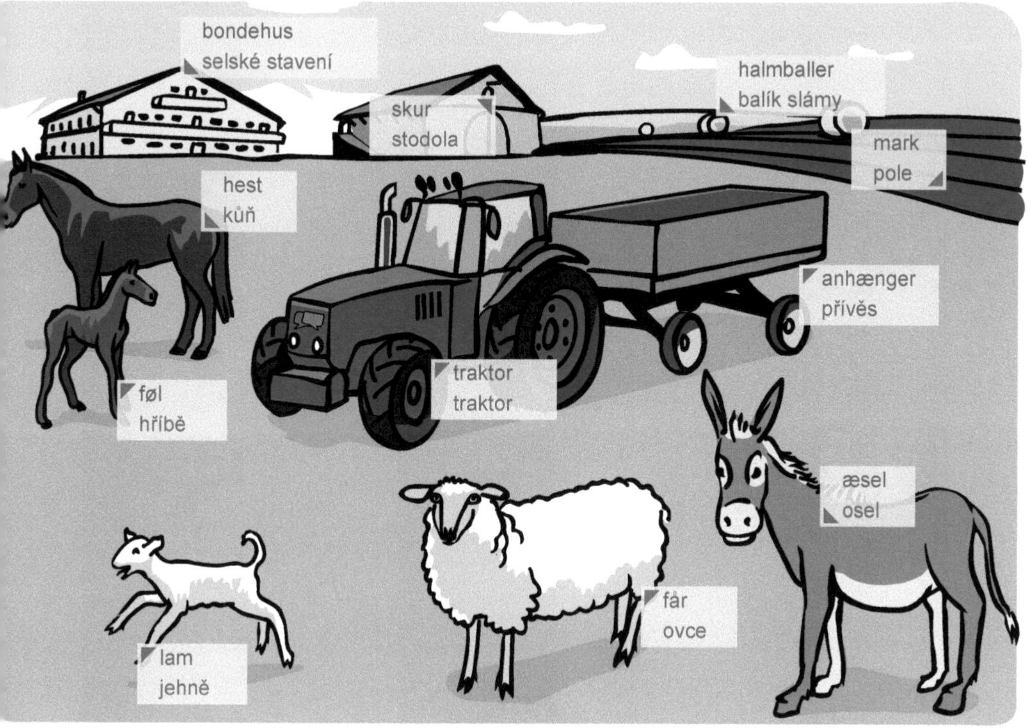
bondehus
selské stavení
skur
stodola
halmballer
balík slámy
mark
pole
hest
kůň
anhænger
přívěs
traktor
traktor
føl
hříbě
æsel
osel
får
ovce
lam
jehně

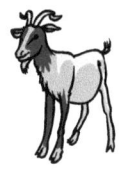

ged
koza

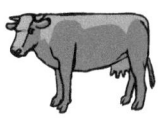

ko
kráva

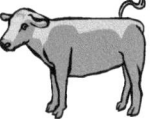

kalv
tele

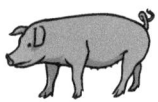

svin
prase

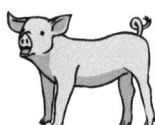

gris
sele

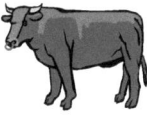

tyr
býk

gås
husa

and
kachna

kylling
kuře

høne
slepice

hane
kohout

rotte
krysa

kat
kočka

mus
myš

okse
vůl

hund
pes

hundehus
psí bouda

haveslange
zahradní hadice

vandkande
kropicí konev

le
kosa

plov
pluh

segl
srp

hakkejern
motyka

møggreb
vidle

økse
sekera

trillebør
kolecko

trug
koryto

mælkekande
konev na mléko

sæk
pytel

hæk
plot

stald
stáj

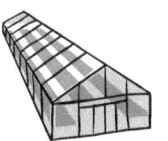

drivhus
skleník

jord
půda

frø
osivo

gødning
hnojivo

mejetærsker
kombajn

høste

sklidit

høst

sklizeň

yams

smldinec

hvede

pšenice

soja

sója

kartoffel

brambora

majs

kukuřice

raps

řepka

frugttræ

ovocný strom

maniok

maniok

korn

obilí

hus
dům

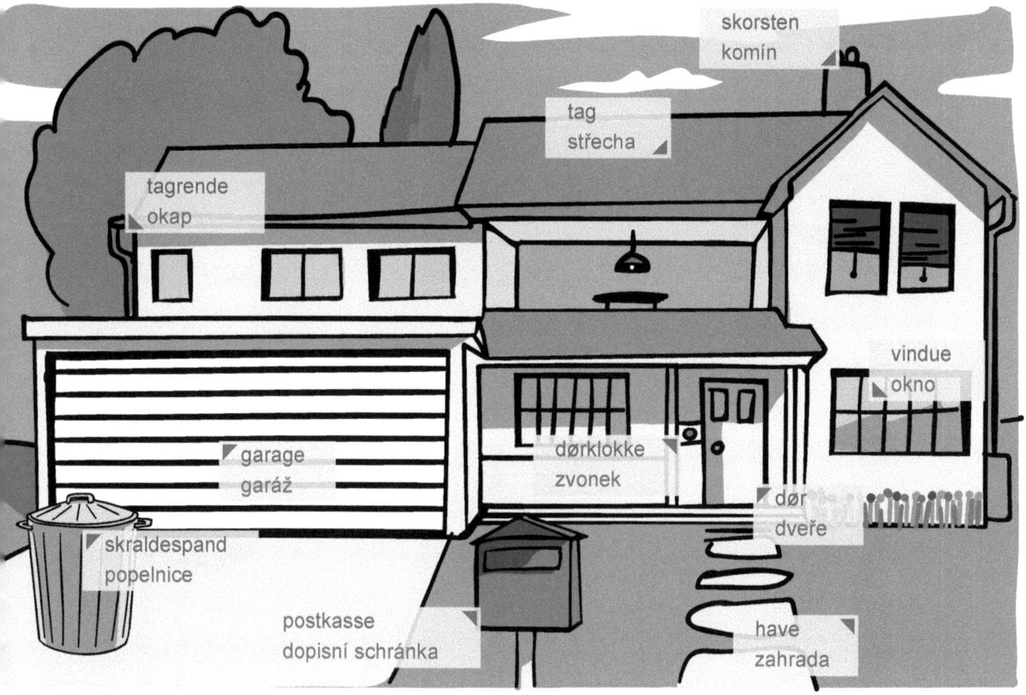
skorsten
komín
tag
střecha
tagrende
okap
vindue
okno
garage
garáž
dørklokke
zvonek
dør
dveře
skraldespand
popelnice
postkasse
dopisní schránka
have
zahrada

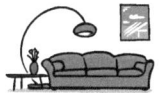

stue
obývací pokoj

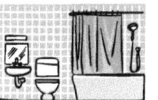

badeværelse
koupelna

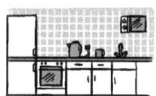

køkken
kuchyně

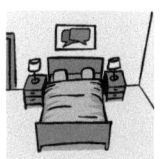

soveværelse
ložnice

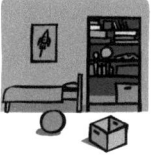

børneværelse
dětský pokoj

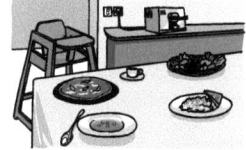

spisestue
jídelna

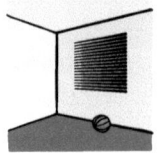

gulv
podlaha

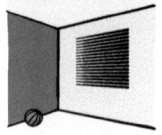

væg
zeď

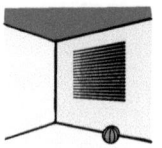

loft
deka

kælder
sklep

sauna
sauna

altan
balkón

terrasse
terasa

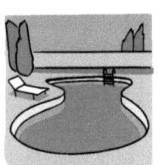

svømmehal
bazén

plæneklipper
sekačka na trávu

dynebetræk
ložní prádlo

dyne
lůžková přikrývka

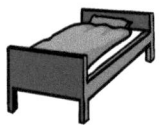

seng
postel

kost
smeták

spand
kýbl

kontakt
vypínač

stue
obývací pokoj

tapet
tapeta
billede
obrázek
lampe
žárovka
reol
police
skab
skříň
fjernsyn
televizor
pejs
komín
blomst
květina
pude
polštář
sofa
gauč
vase
váza
fjernbetjening
dálkový ovladač

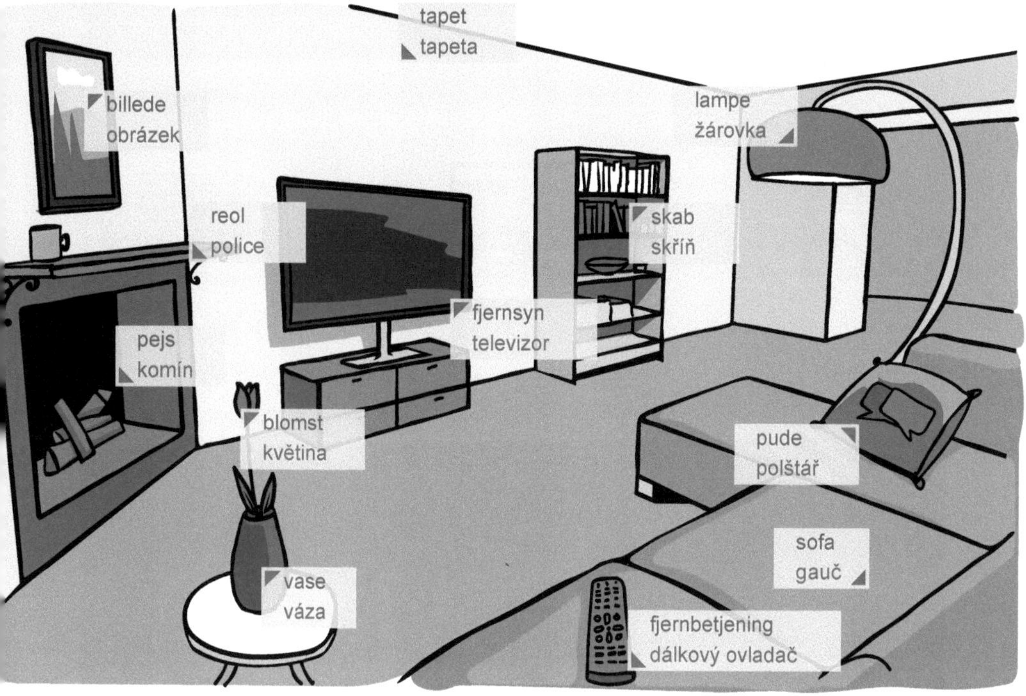

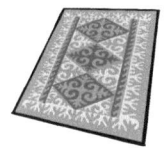

gulvtæppe
koberec

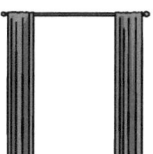

gardin
závěs

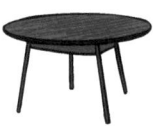

bord
stůl

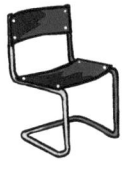

stol
židle

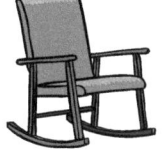

gyngestol
houpací křeslo

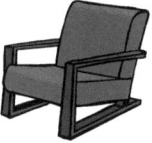

lænestol
křeslo

bog

kniha

tæppe

strop

dekoration

ozdoba

brænde

palivové dříví

film

film

stereoanlæg

stereo souprava

nøgle

klíč

avis

noviny

maleri

malba

plakat

plakát

radio

rádio

notesblok

poznámkový blok

støvsuger

vysavač

kaktus

kaktus

lys

svíce

køkken
kuchyně

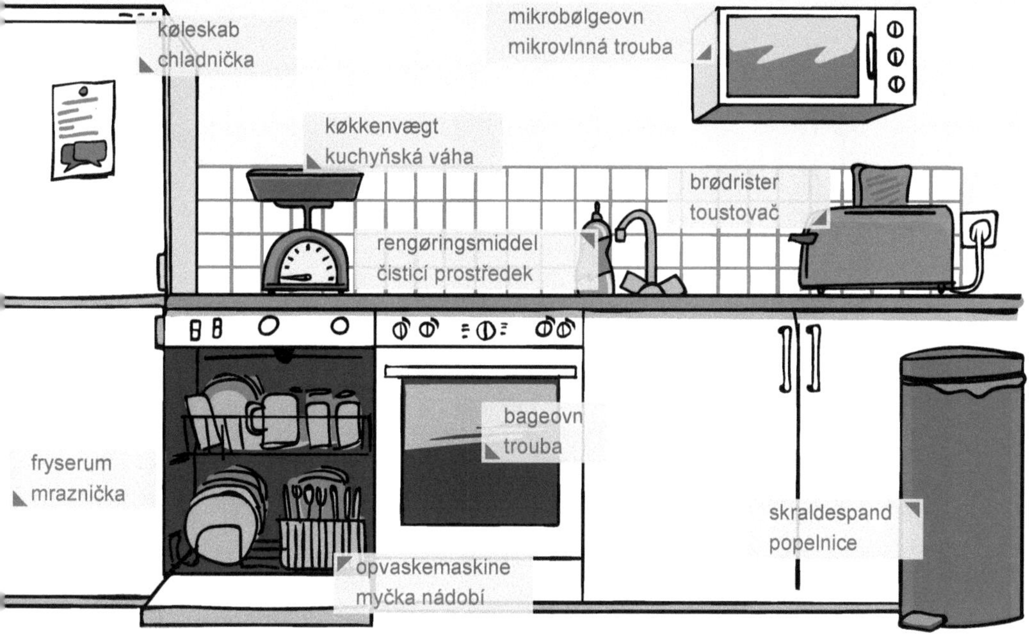
køleskab
chladnička
mikrobølgeovn
mikrovlnná trouba
køkkenvægt
kuchyňská váha
brødrister
toustovač
rengøringsmiddel
čisticí prostředek
bageovn
trouba
fryserum
mraznička
skraldespand
popelnice
opvaskemaskine
myčka nádobí

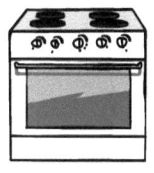

komfur

sporák

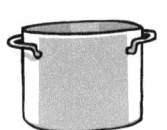

gryde

hrnec

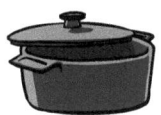

jerngryde

litinový hrnec

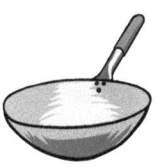

wok / kadai

wok / kadai

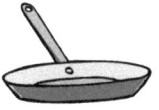

pande

pánev

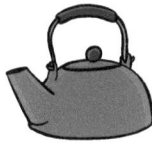

elkedel

varná konvice

dampkoger

parní hrnec

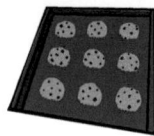

bageplade

plech na pečení

service

nádobí

bæger

hrnek

skål

miska

spisepinde

jídelní hůlky

øseske

naběračka

paletkniv

obracečka

piskeris

metla

dørslag

síto

si

cedník

rive

struhadlo

morter

hmoždíř

grille

gril

ildsted

ohniště

skærebræt

prkénko na krájení

kagerulle

váleček na těsto

proptrækker

vývrtka

dåse

dóza

dåseåbner

otvírák na konzervy

grydelap

chňapka

køkkenvask

umyvadlo

børste

kartáč na nádobí

svamp

houba

blender

mixér

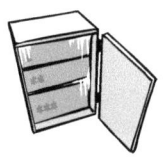

dybfryser

mrazák

sutteflaske

dětská lahev

vandhane

kohoutek

badeværelse
koupelna

radiator
topení
håndklæde
ručník
brusebad
sprcha
bruserforhæng
sprchový závěs
skumbad
pěnová koupel
badekar
vana
glas
sklenička
vaskemaskine
pračka
vandhane
kohoutek
fliser
obkladačky
tissepotte
nočník
køkkenvask
umyvadlo

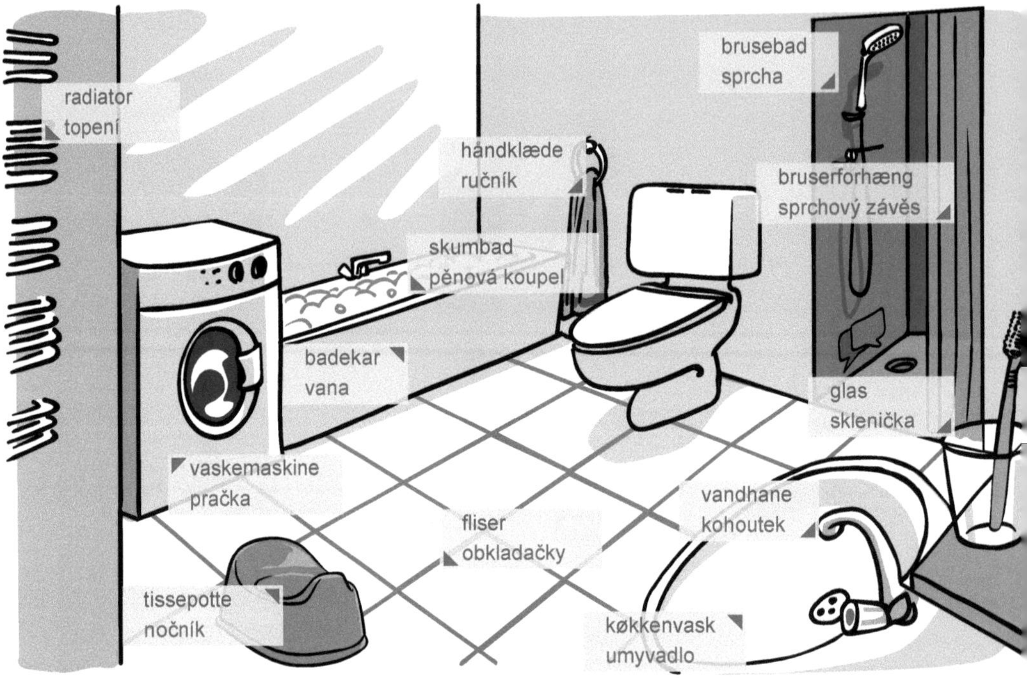

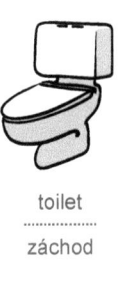

toilet

záchod

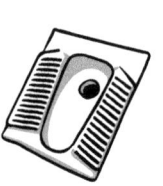

hugsiddende toilet

turecký záchod

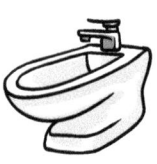

bidet

bidet

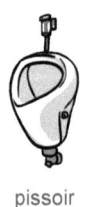

pissoir

pisoár

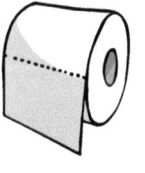

toiletpapir

toaletní papír

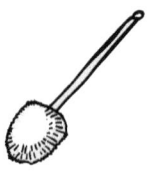

toiletbørste

záchodová štětka

tandbørste

zubní kartáček

tandpasta

zubní pasta

tandtråd

zubní niť

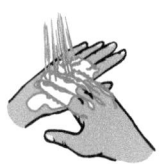

vaske

mýt

håndbruser

ruční sprcha

intimbruser

intimní sprcha

vaskefad

umyvadlo

badebørste

kartáč na záda

sæbe

mýdlo

brusegele

sprchový gel

shampoo

šampón

vaskeklud

žínka

afløb

odpad

creme

krém

deodorant

deodorant

spejl

zrcadlo

kosmetikspejl

kosmetické zrcátko

barberhøvl

holicí strojek

barberskum

pěna na holení

barbervand

voda po holení

kam

hřeben

børste

kartáč

hårtørrer

fén

hårspray

lak na vlasy

makeup

makeup

læbestift

rtěnka

neglelak

lak na nehty

vat

vata

neglesaks

nůžky na nehty

parfume

parfém

toilettaske
aška s toaletními potřebami

skammel
stolička

vægt
váha

badekåbe
župan

gummihandsker
gumové rukavice

tampon
tampón

damebind
dámská vložka

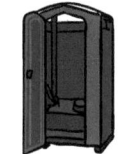

kemisk toilet
chemická toaleta

børneværelse
dětský pokoj

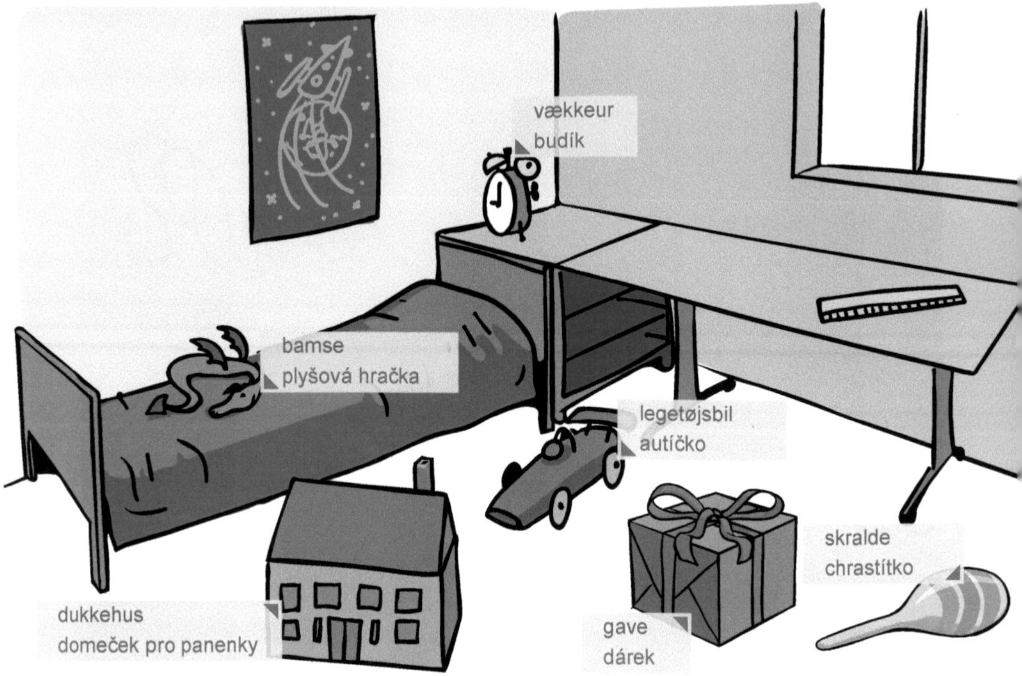

vækkeur
budík
bamse
plyšová hračka
legetøjsbil
autíčko
skralde
chrastítko
dukkehus
domeček pro panenky
gave
dárek

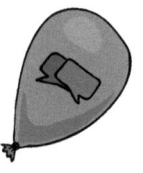

ballon

balón

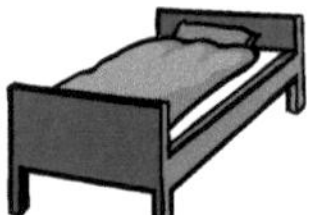

seng

postel

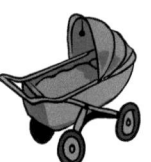

barnevogn

kočárek

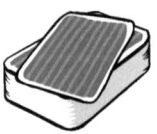

kortspil

balíček karet

puslespil

puzzle

SUPER
MEGA

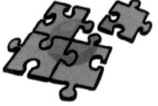

tegneserie

komiks

legoklodser

lego kostky

byggeklodser

stavebnice

action figur

akční figurka

sparkedragt

dupačky

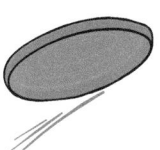

frisbee

frisbee

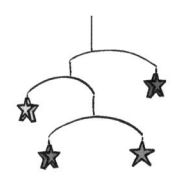

uro

závěsné hračky nad postýlku

brætspil

desková hra

terning

kostky

modeljernbane

modelová železnice

sut

dudlík

fest

oslava

billedbog

obrázková kniha

bold

míč

dukke

panenka

lege

hrát si

sandkasse

pískoviště

gynge

houpačka

legetøj

hračky

spillekonsol

hrací konzole

trehjulet cykel

tříkolka

bamse

medvídek

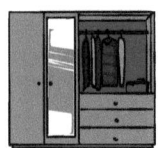

klædeskab

šatník

tøj

oblečení

sokker

ponožky

strømper

punčochy

strømpebukser

punčochové kalhoty

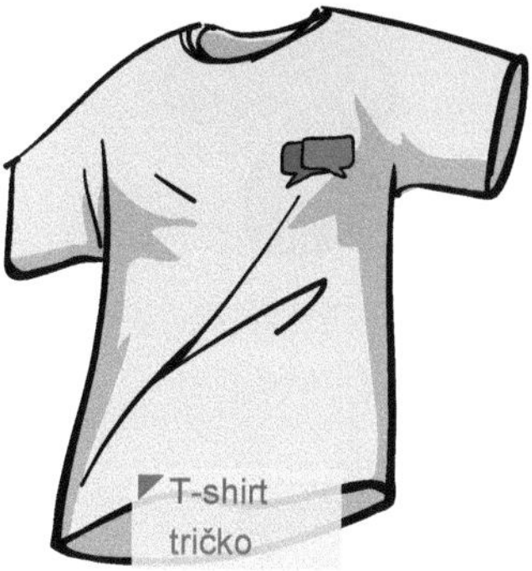

sjal
šála

bælte
pásek

paraply
deštník

T-shirt
tričko

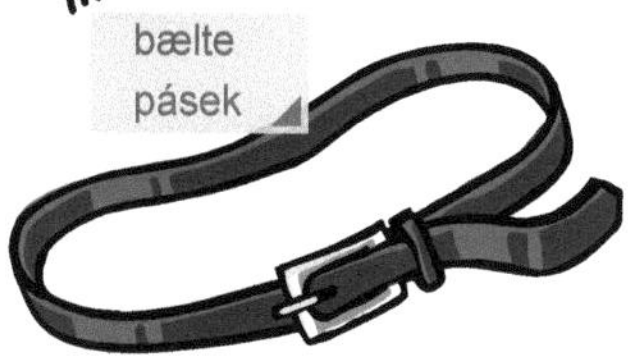

sneakers
tenisky

støvler
kozačky

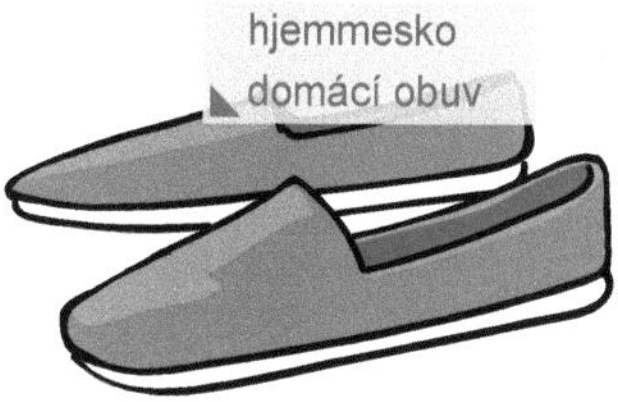

hjemmesko
domácí obuv

sandaler
....
sandály

sko
....
obuv

gummistøvler
....
holínky

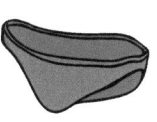
underbukser
....
spodní prádlo

BH
....
podprsenka

undertrøje
....
nátělník

body
body

bukser
kalhoty

jeans
džíny

nederdel
sukně

bluse
blůza

skjorte
košile

pullover
svetr

sweatshirt
mikina

blazer
blejzr

jakke
bunda

frakke
kabát

regnfrakke
pláštěnka

kostume
kostým

kjole
šaty

brudekjole
svatební šaty

tøj - oblečení

jakkesæt

oblek

nattrøje

noční košile

pyjamas

pyžamo

sari

sárí

hovedtørklæde

šátek na hlavu

turban

turban

burka

burka

kaftan

kaftan

abaya

abája

badedragt

plavky

badebukser

pánské plavky

korte bukser

kraťasy

træningsdragt

tepláková souprava

forklæde

zástěra

handsker

rukavice

knap
knoflík

briller
brýle

armbånd
náramek

kæde
náhrdelník

ring
prsten

ørering
náušnice

hue
čepice

bøjle
ramínko

hat
klobouk

slips
kravata

lynlås
zip

hjelm
helma

seler
kšandy

skoleuniform
školní uniforma

uniform
uniforma

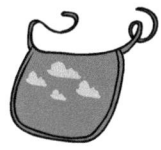

hagesmæk

bryndák

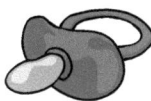

sut

dudlík

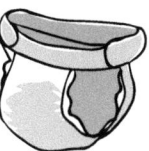

ble

plena

kontor
kancelář

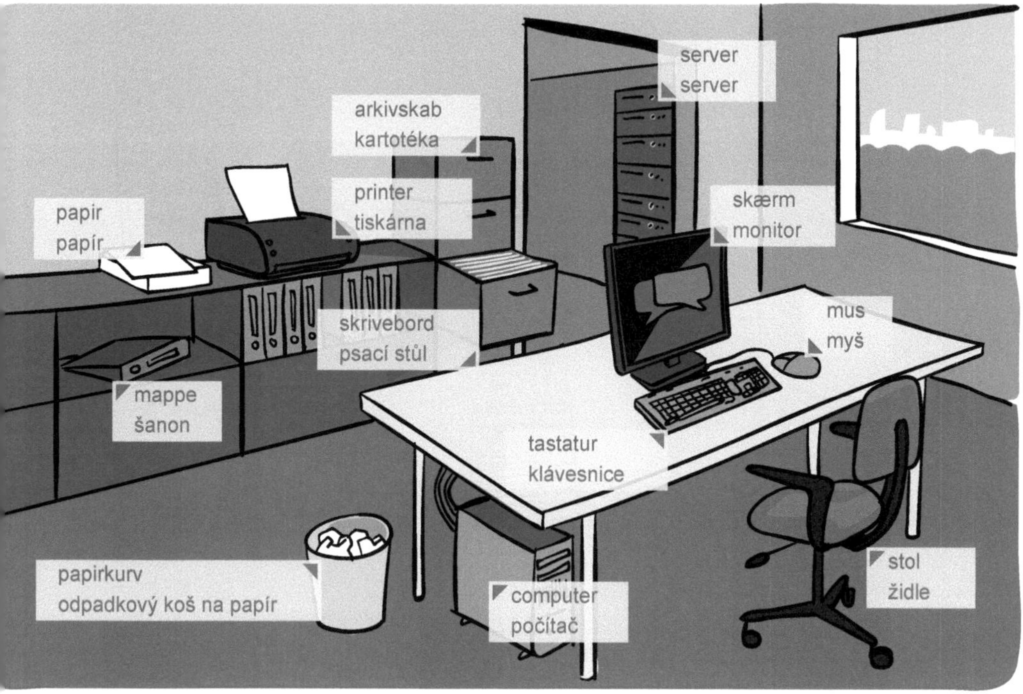

server
server
arkivskab
kartotéka
printer
tiskárna
papir
papír
skærm
monitor
mus
myš
skrivebord
psací stůl
mappe
šanon
tastatur
klávesnice
papirkurv
odpadkový koš na papír
computer
počítač
stol
židle

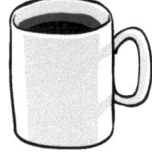

kaffekrus

hrnek na kávu

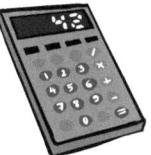

lommeregner

kalkulačka

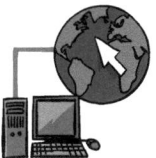

internet

internet

bærbar

notebook

brev

dopis

besked

zpráva

mobil

mobil

netværk

síť

kopimaskine

kopírka

software

software

telefon

telefon

stikdåse

zásuvka

fax

fax

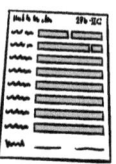

formular

formulář

dokument

dokument

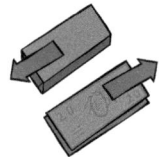

købe

nakupovat

betale

zaplatit

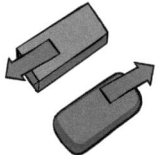

handle

jednat

penge

peníze

dollar

dolar

euro

euro

yen

jen

rubel

rubl

schweizerfranc

frank

renminbi yuan

juan

rupee

rupie

hæveautomat

bankomat

vekselkontor

směnárna

guld

zlato

sølv

stříbro

olie

olej

energi

energie

pris

cena

kontrakt

smlouva

skat

daň

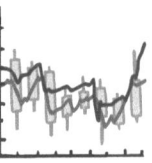

aktie

akcie

arbejde

pracovat

ansat

zaměstnanec

arbejdsgiver

zaměstnavatel

fabrik

továrna

butik

obchod

erhverv
povolání

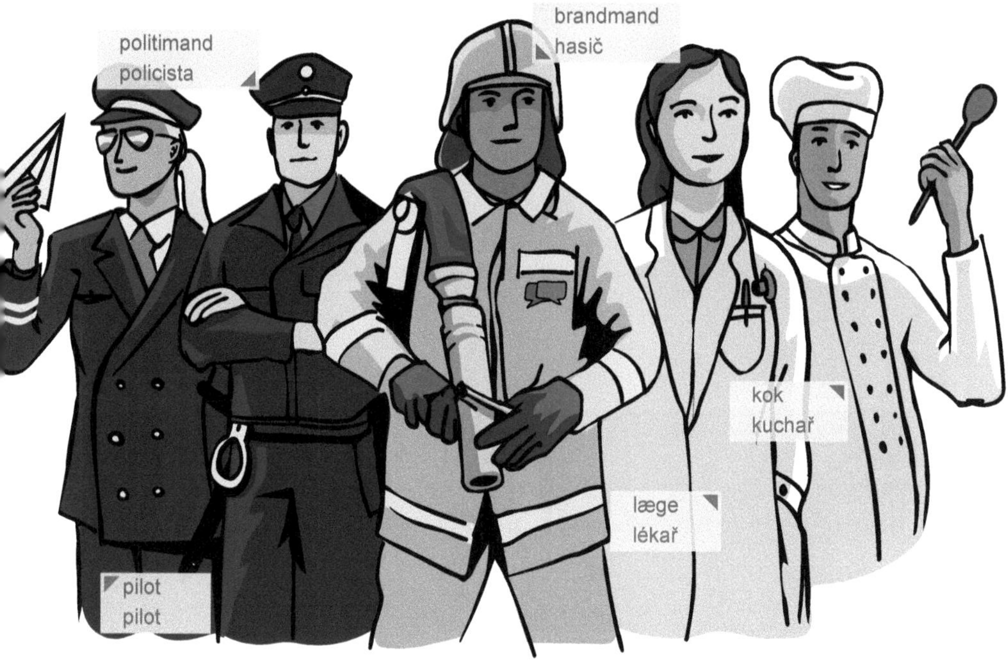

politimand
policista
brandmand
hasič
kok
kuchař
læge
lékař
pilot
pilot

gartner

zahradník

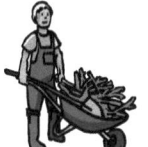

tømrer

truhlář

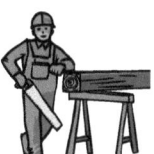

syerske

švadlena

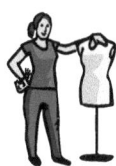

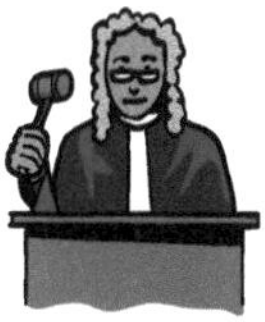

dommer

soudce

kemiker

chemik

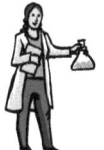

skuespiller

herec

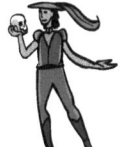

buschauffør

řidič autobusu

taxachauffør

řidič taxi

fisker

rybář

rengøringskone

uklízečka

tagdækker

pokrývač

tjener

číšník

jæger

myslivec

maler

malíř

bager

pekař

elektriker

elektrikář

bygningsarbejder

stavební dělník

ingeniør

inženýr

slagter

řezník

vvs-mand

klempíř

postbud

listonoš

soldat

voják

arkitekt

architekt

kasserer

pokladní

blomsterhandler

florista

frisør

kadeřník

togfører

průvodčí

mekaniker

mechanik

kaptajn

kapitán

tandlæge

zubař

videnskabsmand

vědec

rabbiner

rabín

imam

imám

munk

mnich

præst

duchovní

værktøj

nářadí

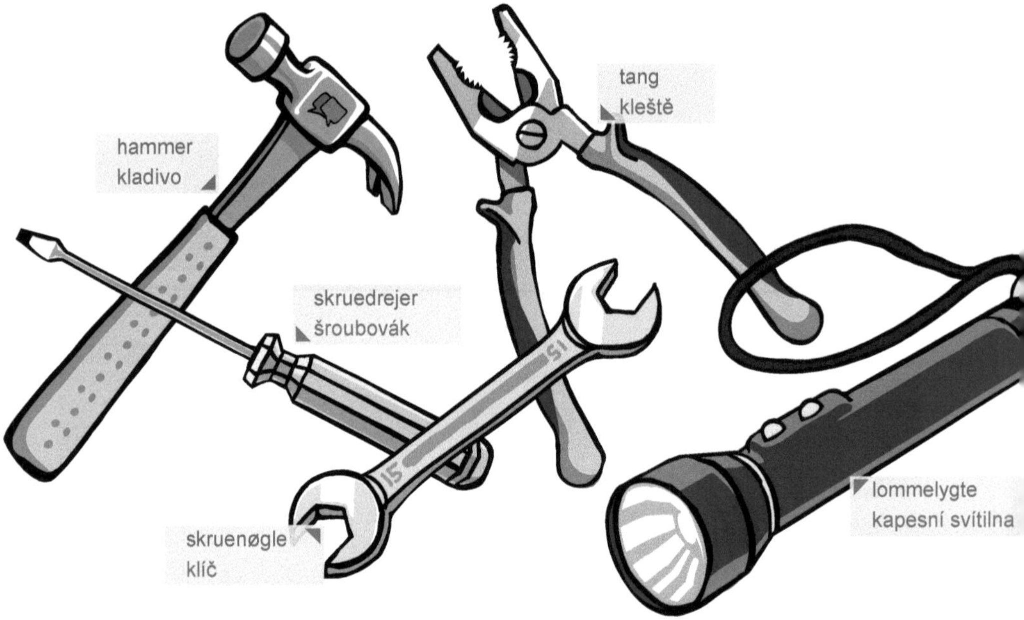

tang
kleště
hammer
kladivo
skruedrejer
šroubovák
lommelygte
kapesní svítilna
skruenøgle
klíč

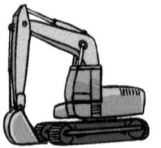

gravemaskine
bagr

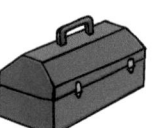

værktøjskasse
skříň na nářadí

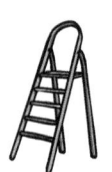

stige
žebřík

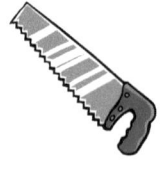

sav
pila

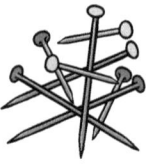

søm
hřebíky

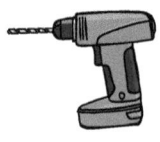

bor
vrtačka

reparere
opravit

skovl
lopata

Lort!
Kurva!

fejebakke
lopatka

malerspand
vědroé na barvu

skruer
šrouby

musikinstrumenter
hudební nástroje

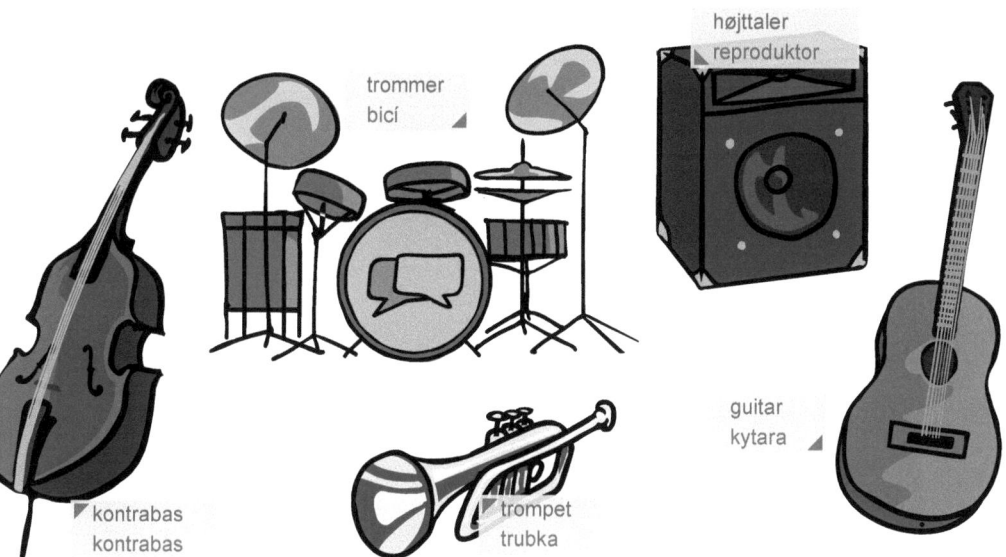

trommer
bicí

højttaler
reproduktor

guitar
kytara

kontrabas
kontrabas

trompet
trubka

klaver

klavír

violin

housle

bas

basa

pauke

tympán

tromme

bubny

keyboard

keyboard

saxofon

saxofon

fløjte

flétna

mikrofon

mikrofon

ZOO

ZOO

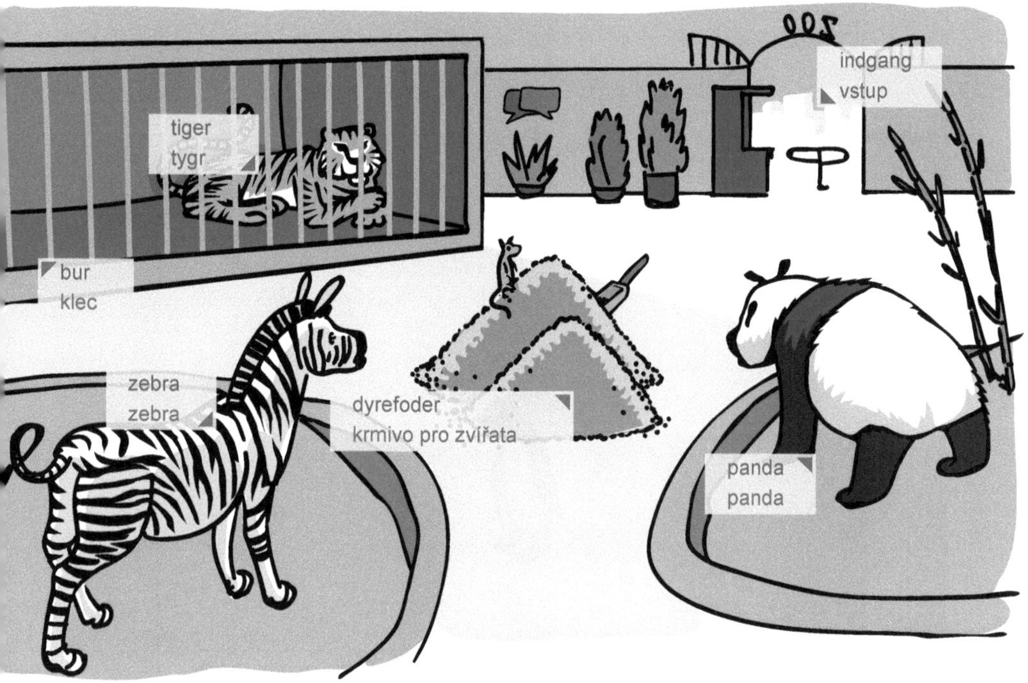
indgang
vstup
tiger
tygr
bur
klec
zebra
zebra
dyrefoder
krmivo pro zvířata
panda
panda

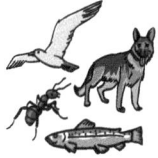

dyr

zvířata

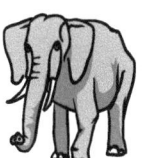

elefant

slon

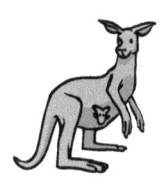

kænguru

klokan

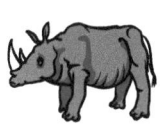

næsehorn

nosorožec

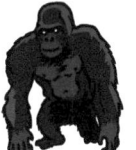

gorilla

gorila

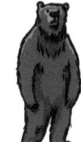

bjørn

medvěd

kamel
velbloud

struds
pštros

løve
lev

abe
opice

flamingo
plameňák

papegøje
papoušek

isbjørn
lední medvěd

pingvin
tučňák

haj
žralok

påfugl
páv

slange
had

krokodille
krokodýl

dyrepasser
ošetřovatel zvířat

sæl
tuleň

jaguar
jaguár

| pony |
| poník |

| leopard |
| leopard |

| flodhest |
| hroch |

| giraf |
| žirafa |

| ørn |
| orel |

| vildsvin |
| divoké prase |

| fisk |
| ryby |

| skildpadde |
| želva |

| hvalros |
| mrož |

| ræv |
| liška |

| gazelle |
| gazela |

amerikansk football
americký fotbal

cykling
cyklistika

tennis
tenis

basketball
košíková

svømning
plavání

boksning
box

ishockey
lední hokej

fodbold
kopaná

badminton
badminton

atletik
lehká atletika

håndbold
házená

skiløb
běh na lyžích

polo
vodní pólo

aktiviteter
aktivity

grine
smát se
springe
skočit
give et knus
objímat
gå
jít
synge
zpívat
drømme
snít
bede
modlit se
kysse
políbit

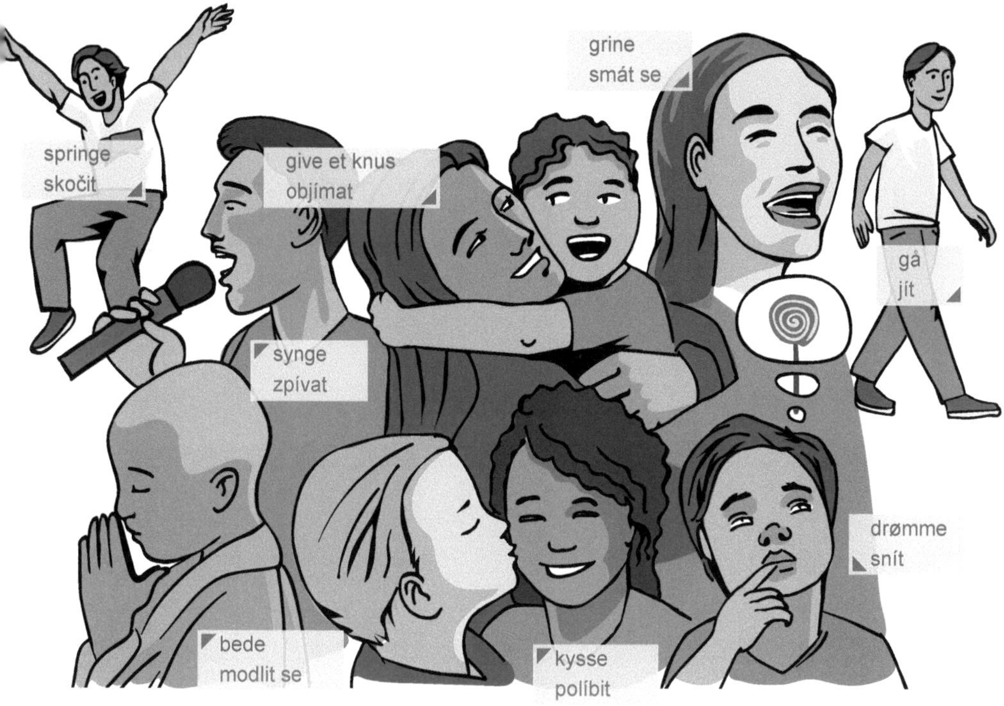

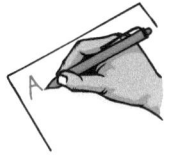

skrive
psát

tegne
kreslit

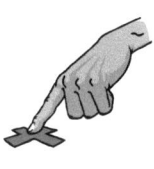

vise
ukazovat

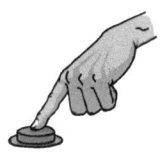

skubbe
tlačit

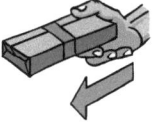

give
dát

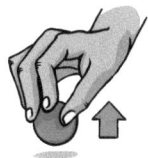

tage
vzít si

have
mít

gøre
dělat

være
být

stå
stát

løbe
běhat

trække
táhnout

kaste
hodit

falde
padat

ligge
ležet

vente
čekat

bære
nosit

sidde
sedět

tage på
oblékat

sove
spát

vågne
vzbudit se

se på
prohlédnout si

græde
plakat

ae
pohladit

kæmme
česat

tale
hovořit

forstå
rozumět

spørge
ptát se

høre
slyšet

drikke
pít

spise
jíst

rydde op
uklidit

elske
milovat

koge
vařit

køre
jet

flyve
letět

sejle

plachtit

regne

počítat

læse

číst

lære

učit se

arbejde

pracovat

gifte sig med

vzít si

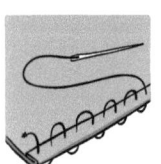

sy

šít

børste tænder

čistit si zuby

dræbe

zabít

ryge

kouřit

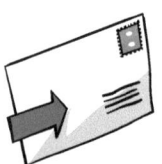

sende

poslat

bedstemor
babička

bedstefar
dědeček

far
otec

mor
matka

baby
dítě

datter
dcera

søn
syn

gæst
host

tante
teta

onkel
strýc

bror
bratr

søster
sestra

krop

tělo

pande
čelo
øje
oko
skulder
rameno
finger
prst
ansigt
obličej
hage
brada
hånd
ruka
ben
dolní končetina
bryst
hruď
arm
paže

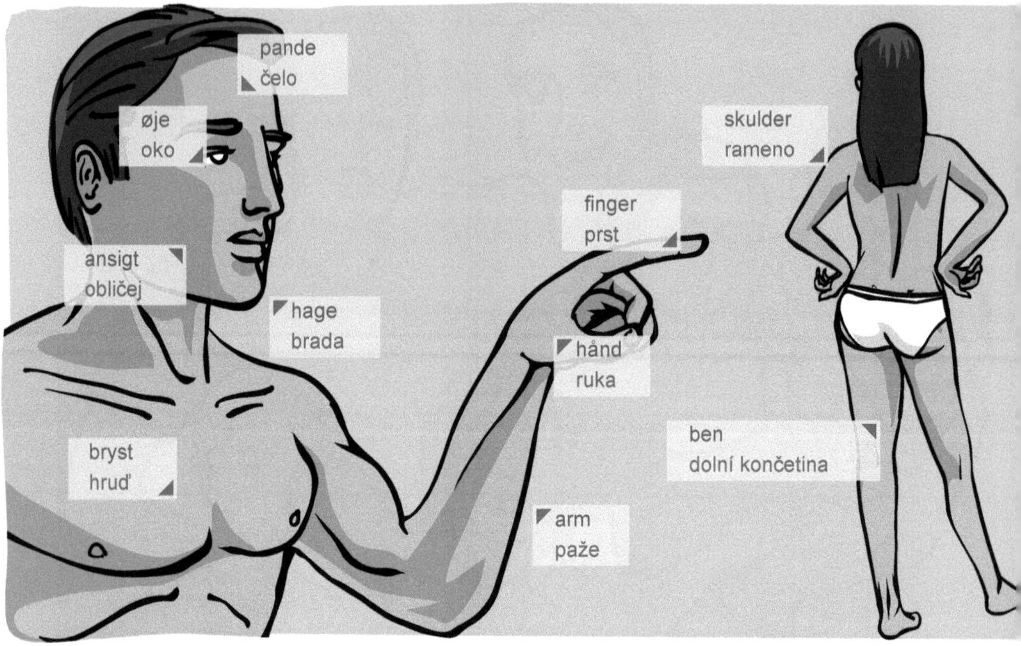

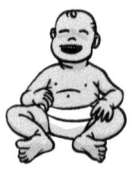

baby

dítě

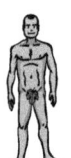

mand

muž

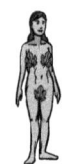

kvinde

žena

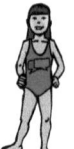

pige

dívka

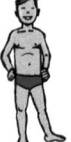

dreng

chlapec

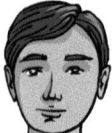

hoved

hlava

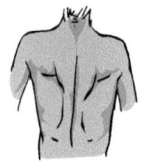

ryg

záda

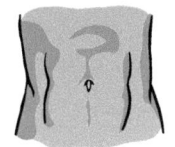

mave

břicho

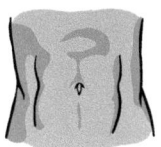

navle

pupík

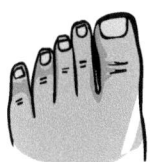

tå

prst na noze

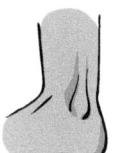

hæl

pata

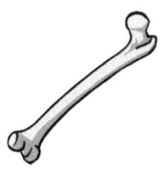

knogle

kost

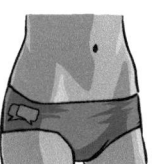

hofte

bok

knæ

koleno

albue

loket

næse

nos

bagdel

zadek

hud

kůže

kind

tvář

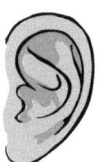

øre

ucho

læbe

ret

mund

ústa

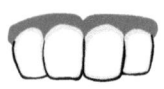

tand

zub

tunge

jazyk

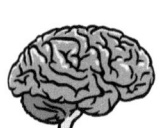

hjerne

mozek

hjerte

srdce

muskel

sval

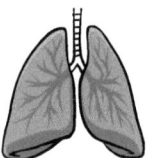

lunge

plíce

lever

játra

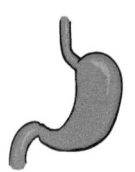

mavesæk

žaludek

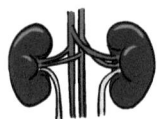

nyrer

ledviny

sex

pohlavní styk

kondom

kondom

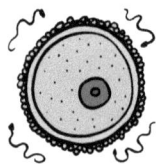

ægcelle

vajíčko

sperm

sperma

svangerskab

těhotenství

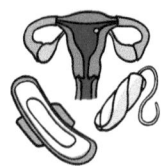

menstruation

menstruace

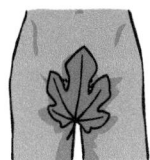

vagina

vagina

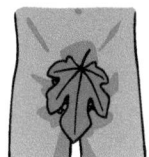

penis

penis

øjenbryn

obočí

hår

vlasy

hals

krk

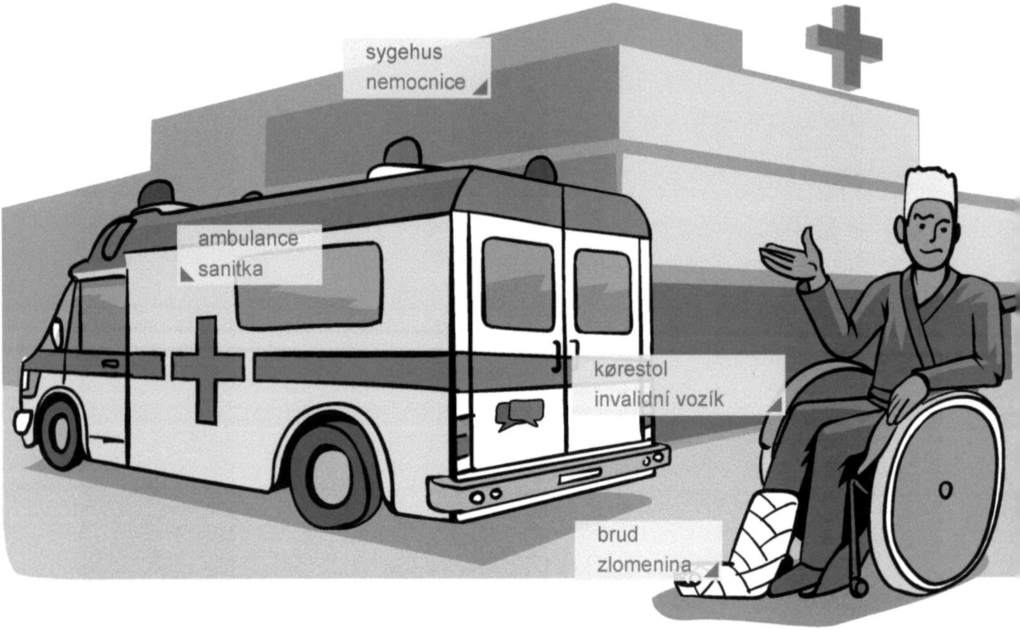

sygehus
nemocnice

ambulance
sanitka

kørestol
invalidní vozík

brud
zlomenina

læge
lékař

akutmodtagelse
pohotovost

sygeplejerske
zdravotní sestra

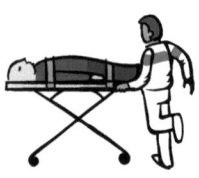

nødstilfælde
urgentní případ

bevidstløs
v bezvědomí

smerte
bolest

skade

úraz

blødning

krvácení

hjerteinfarkt

infarkt myokardu

slagtilfælde

cévní mozková příhoda

allergi

alergie

hoste

kašel

feber

horečka

influenza

chřipka

diarré

průjem

hovedpine

bolest hlavy

kræft

rakovina

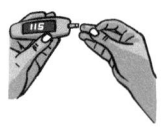

diabetes

cukrovka

kirurg

chirurg

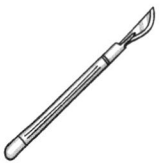

skalpel

skalpel

operation

operace

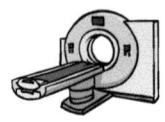

CT
CT

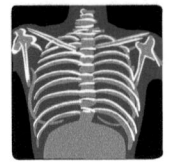

røntgen
rentgen

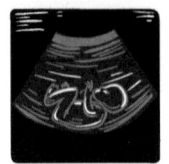

ultralyd
ultrazvuk

maske
maska

sygdom
nemoc

venteværelse
čekárna

krykke
berle

plaster
náplast

forbinding
obvaz

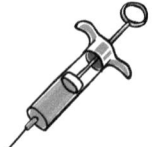

injektion
injekce

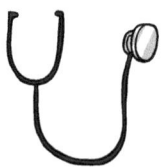

stetoskop
stetoskop

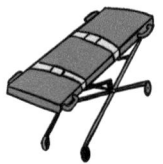

båre
nosítka

termometer
teploměr

fødsel
porod

overvægt
nadváha

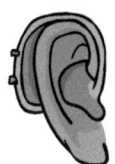

høreapparat

naslouchátko

desinficerende middel

dezinfekční prostředek

infektion

infekce

virus

virus

HIV / AIDS

HIV / AIDS

medicin

lékařství

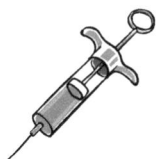

vaccination

očkování

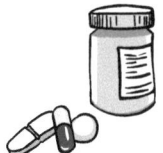

tabletter

tablety

pille

pilulka

nødopkald

tísňové volání

blodtryksmåler

tonometr

syg / rask

nemocný / zdravý

Hjælp!

Pomoc!

alarm

poplach

overfald

přepadení

angreb

napadení

fare

nebezpečí

nødudgang

nouzový východ

Det brænder!

Hoří!

ildslukker

hasicí přístroj

uheld

nehoda

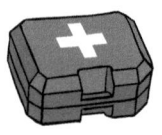

førstehjælps-kuffert

zdravotnická brašna

SOS

SOS

politi

policie

Europa
Evropa

Nordamerika
Severní Amerika

Sydamerika
Jižní Amerika

Afrika
Afrika

Asien
Asie

Australien
Austrálie

Atlanterhavet
Atlantik

Stillehavet
Pacifik

Indiske Ocean
Indický oceán

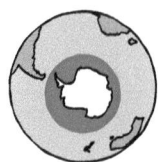

Sydlige Ishav
Jižní ledový oceán

Ishav
Severní ledový oceán

Nordpol
severní pól

Sydpol

jižní pól

Antarktis

Antarktida

Jorden

země

land

pevnina

hav

moře

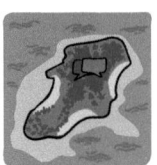

ø

ostrov

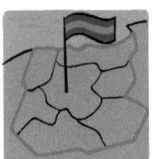

nation

národ

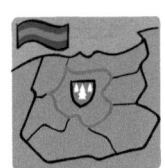

stat

stát

urskive

ciferník

timeviser

hodinová ručička

minutviser

minutová ručička

sekundviser

vteřinová ručička

Hvad er klokken?

Kolik je hodin?

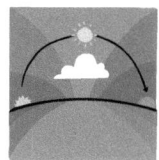

dag

den

tid

čas

nu

teď

digitalur

digitální hodinky

minut

minuta

time

hodina

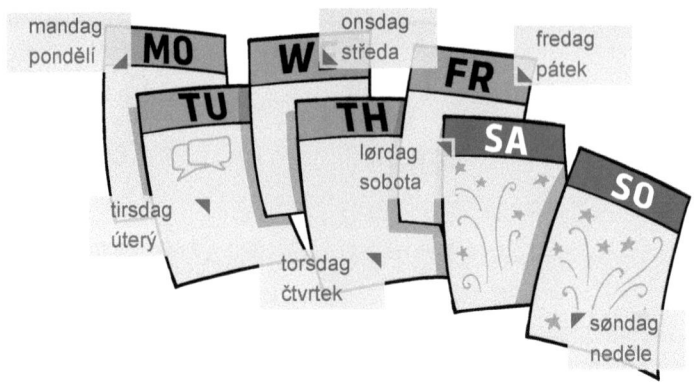

mandag / pondělí — **MO**
onsdag / středa — **W**
fredag / pátek — **FR**
TU
TH
lørdag / sobota — **SA**
tirsdag / úterý
torsdag / čtvrtek
SO
søndag / neděle

i går
....
včera

i dag
....
dnes

i morgen
....
zítra

morgen
....
ráno

middag
....
poledne

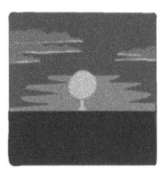

aften
....
večer

MO	TU	WE	TH	FR	SA	SU
1	2	3	4	5	6	7
8	9	10	11	12	13	14
15	16	17	18	19	20	21
22	23	24	25	26	27	28
29	30	31	1	2	3	4

arbejdsdage
....
pracovní dny

MO	TU	WE	TH	FR	SA	SU
1	2	3	4	5	6	7
8	9	10	11	12	13	14
15	16	17	18	19	20	21
22	23	24	25	26	27	28
29	30	31	1	2	3	4

weekend
....
víkend

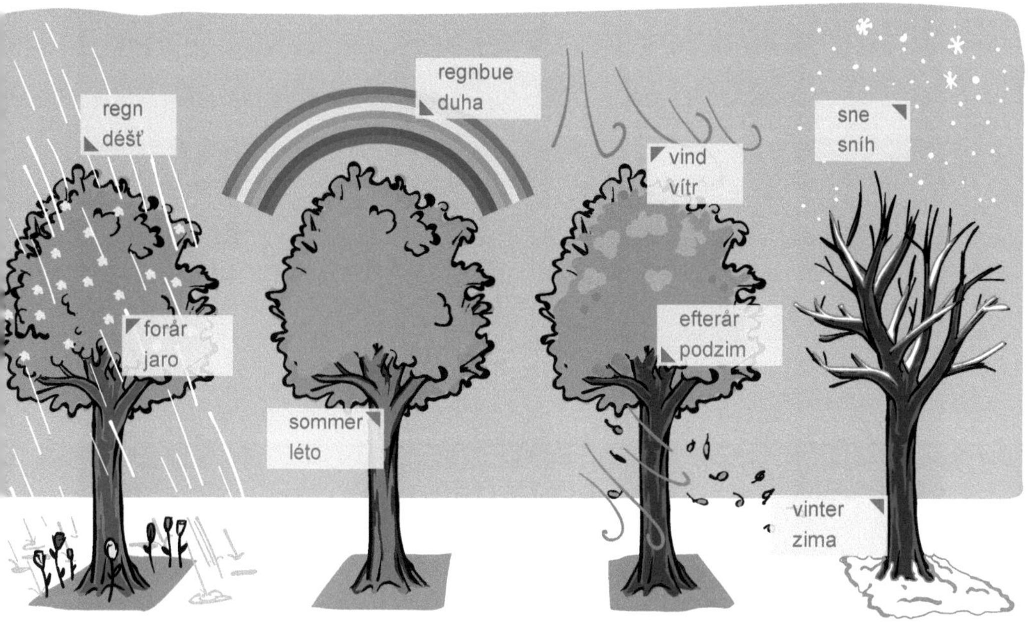

regnbue
duha
regn
déšť
vind
vítr
sne
sníh
forår
jaro
efterår
podzim
sommer
léto
vinter
zima

4.APRIL 11°
5.APRIL 4°
6.APRIL 13°
7.APRIL 8°
8.APRIL 10°

vejrudsigt

předpověď počasí

F C
120 90 60 30 0 -30
40 30 20 10 0 -10 -20

termometer

teploměr

solskin

sluneční svit

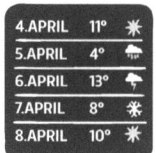

sky

mrak

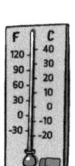

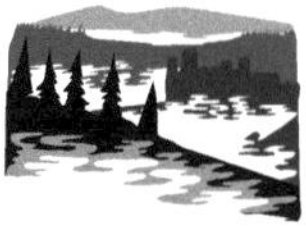

tåge

mlha

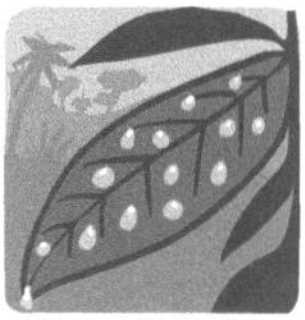

luftfugtighed

vlhkost

lyn
blesk

torden
hrom

storm
bouřka

hagl
kroupy

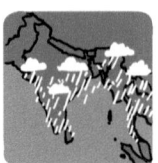

monsun
monzun

flod
povodeň

is
led

januar
leden

februar
únor

marts
březen

april
duben

maj
květen

juni
červen

juli
červenec

august
srpen

ár - rok

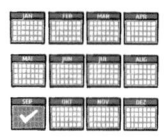

september
....
září

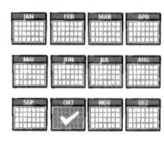

oktober
....
říjen

november
....
listopad

december
....
prosinec

former
tvary

cirkel
....
kruh

kvadrat
....
čtverec

firkant
....
obdélník

trekant
....
trojúhelník

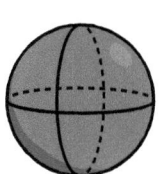

kugle
....
koule

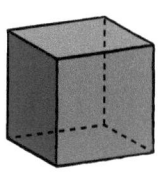

terning
....
krychle

hvid

bílá

gul

žlutá

orange

oranžová

pink

růžová

rød

červená

lilla

fialová

blå

modrá

grøn

zelená

brun

hnědá

grå

šedá

sort

černá

meget / lidt

hodně / málo

rasende / fredelig

rozzuřený / mírumilovný

smuk / grim

krásný / ošklivý

begyndelse / slut

začátek / konec

stor / lille

velký / malý

lys / mørk

světlý / tmavý

bror / søster

bratr / sestra

ren / snavset

čistý / špinavý

fuldkommen / ufuldkommen

úplný / neúplný

dag / nat

den / noc

død / levende

mrtvý / živý

bred / smal

široký / úzký

spiselig / uspiselig

jedlý / nejedlý

vred / venlig

zlý / hodný

ophidset / kedet

vzrušený / znuděný

tyk / tynd

tlustý / hubený

først / sidst

nejdříve / naposledy

ven / fjende

přítel / nepřítel

fuld / tom

plný / prázdný

hård / blød

tvrdý / měkký

tung / let

těžký / lehký

sult / tørst

hlad / žízeň

syg / rask

nemocný / zdravý

illegal / legal

ilegální / legální

intelligent / dum

inteligentní / hloupý

venstre / højre

vlevo / vpravo

nær / fjern

blízko / daleko

ny / brugt
nový / použitý

intet / noget
nic / něco

gammel / ung
starý / mladý

tændt / slukket
zapnutý / vypnutý

åben / lukket
otevřeno / zavřeno

stille / højt
tichý / hlasitý

rig / fattig
bohatý / chudý

rigtig / forkert
správný / špatný

ru / glat
drsný / hladký

ked af det / lykkelig
smutný / šťastný

kort / lang
krátký / dlouhý

langsom / hurtig
pomalý / rychlý

våd / tør
vlhký / suchý

varm / kold
teplý / chladný

krig / fred
válka / mír

0

nul

nula

1

en

jedna

2

to

dva

3

tre

tři

4

fire

čtyři

5

fem

pět

6

seks

šest

7

syv

sedm

8

otte

osm

9

ni

devět

10

ti

deset

11

elleve

jedenáct

12

tolv

dvanáct

13

tretten

třináct

14

fjorten

čtrnáct

15

femten

patnáct

16

seksten

šestnáct

17

sytten

sedmnáct

18

atten

osmnáct

19

nitten

devatenáct

20

tyve

dvacet

100

hundrede

sto

1.000

tusinde

tisíc

1.000.000

million

milion

engelsk

angličtina

amerikansk engelsk

americká angličtina

kinesisk mandarin

standardní čínština

hindi

hindština

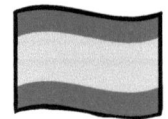

spansk

španělština

fransk

francouzština

arabisk

arabština

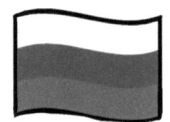

russisk

ruština

portugisisk

portugalština

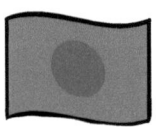

bengalsk

bengálština

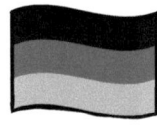

tysk

němčina

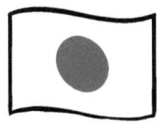

japansk

japonština

jeg

já

du

ty

han / hun / den / det

on / ona / ono

vi

my

I

vy

de

oni

hvem?

Kdo?

hvad?

Co?

hvordan?

Jak?

hvor?

Kde?

hvornår?

Kdy?

navn

jméno

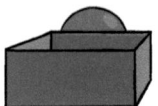

bag

za

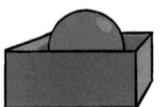

i

do

foran

z

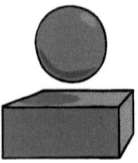

over

nad

på

na

under

mezi

ved siden af

vedle

imellem

mezi

sted

místo